Comment tout a commencé
How it all started...

Dans mon jardin, il y a un arbre qui a une porte magique...

In my garden, there is a tree that has a magical door...

Elle conduit à Twinkle Farm, une terre enchantée où vit un chaton nommé Bubble.

It leads to Twinkle Farm, an enchanted land where lives a kitten named Bubble.

De derrière la porte magique, Bubble peut me voir...

From behind the magical door, Bubble can see me.

Un jour Bubble est sorti et on est devenu meilleurs amis...

One day Bubble came out and we became best friends.

Bubble a fini par devoir rentrer à Twinkle Farm, mais il ne m'a jamais oubliée. Maintenant il m'écrit un livre tous les mois.

Bubble had to eventually go back to Twinkle Farm, but he never forgot about me. Now he writes me a book every month.

Ses livres sont pleins d'amour et de bons conseils. Lisons-les ensemble!

His books are full of love and good advice. Let's read them together!

Ma chère amie,

Comment vas-tu depuis le mois dernier? Tout va bien ici, à Twinkle Farm.

Je t'ai vue depuis la porte magique...

My dear friend,

How have you been last month? Everything is good here at Twinkle Farm.

I checked on you through the magical door...

... tu arrosais ton jardin d'herbes. J'adore jardiner, surtout les plantes qu'on peut manger.

... you were watering your herb garden.
I love gardening, especially the plants we can eat.

Mon amie Paquita Possum est une grande jardinière. Elle arrive à tout faire pousser.

My friend Paquita Possum is the best gardener. She can grow anything.

Sa mamie a une merveilleuse petite ferme. Paquita adore l'aider dans son jardin et son verger.

Her granny has the most amazing homestead. Paquita loves helping her around the garden and orchard.

En été, elles cueillent les citrons, les oranges et les mangues. Puis on se réunit autour d'une limonade et des sorbets. Miam!

In summer, they pick lemons, oranges and mangoes. Then we all come around for lemonade and fruit sorbet. Yummy!

Paquita aime ramasser les légumes et cueillir les salades. Sa mamie en fait de délicieux potages et excellentes salades composées.

Paquita enjoys digging veggies out of the ground and picking salads. Her granny makes the most delicious soup and salads with them.

Un des plus gros boulots de l'été est de moissonner tout le blé et l'apporter au moulin à eau pour l'écraser et en faire de la farine.

One of the biggest jobs in summer is to pick all the wheat and bring it to the water mill to grind it into flour.

Ensuite Paquita utilise cette farine pour faire de délicieux pains, brioches, bouillies, pâtisseries et tartes.

Then Paquita uses this flour to make delicious bread, brioche, porridge, pastries and pies.

L'été est aussi la saison de la cueillette des fruits rouges: fraises, framboises, myrtilles, groseilles... Elles sont toutes délicieuses!

Summer is also berry picking season: strawberries, raspberries, blueberries, redcurrant... They are all so delicious!

Paquita et sa mamie en font des confitures, pour qu'on puisse en profiter toute l'année. J'adore les tartines à la confiture encore chaude!

Paquita and her granny cook them into jam, so we can enjoy them all year long. I love toast with fresh hot jam!

Fraises
Strawberries

Groseilles
Redcurrant

Cerises
Cherries

Mûres
Blackberries

Framboises
Raspberries

Myrtilles
Blueberries

Paquita adore son jardin d'herbes. Elle cueille les herbes parfumées et les plantes médicinales. Peux-tu trouver la lavande, la menthe, le persil, la ciboulette, le pissenlit et le laurier?

Paquita loves her Herb Garden. She gathers special scented herbs and healing plants. Can you spot the Lavender, Mint, Parsley, Chives, Dandelion and Bay Leaves?

Ensuite elle va dans son grenier et prépare des potions et remèdes spéciaux, comme des sachets de lavande et du sirop de sureau.

Then she goes into her attic and prepares special potions and remedies like Lavender Bags & Elderberry Syrup.

Il y a beaucoup à faire en automne. C'est le moment de cueillir les pommes, les poires et les mûres. Le raisin fait un jus délicieux, et la soupe à la citrouille nous réchauffe.

Autumn is really busy. It's time to pick apples, pears and blackberries. The grape makes a delicious juice, and pumpkin soup keeps us warm inside.

La grande aventure de l'automne c'est d'aller à la forêt et ramasser des châtaignes, noisettes et noix. Mamie cueille les champignons, parce qu'elle sait lesquels sont bons à manger.

The big Autumn Adventure is going to the forest to gather Chestnuts, Hazelnuts and Walnuts. Granny picks the mushrooms because she knows which ones are good to eat.

Quand la cueillette est terminée, Paquita organise sa Fête des Gourmandises. Là, on peux tous goûter aux plats délicieux qu'elle prépare avec les produits de son jardin et de la forêt.

When all the picking is done Paquita throws her Yummy Autumn Festival. There we can all taste the delicious food she gets from her garden and forest.

Puis, juste avant l'hiver, on aide Paquita à nettoyer son jardin. On met toutes les feuilles mortes dans le bac à compost, et on ramasse le bois mort pour le poêle à bois.

Then just before winter, we help Paquita clean up the garden. We put all the dead leaves in the compost bin and we gather the wood for the wood burner.

Et quand la neige se met à tomber, Paquita et sa mamie sont prêtes à rentrer à la maison...

And when the first snow falls, Paquita and her granny are ready to go back home...

... et à se détendre devant
la cheminée avec une
bonne tasse de chocolat
chaud et une délicieuse
part de tarte aux
pommes.

... and relax in front of
the fireplace with a nice
cup of hot chocolate and
a delicious slice
of apple pie.

Après tout ce travail, Paquita a besoin d'un repos bien mérité. Le bidon bien rempli de tarte aux pommes et de chocolat chaud, elle s'endort comme un petit ange. Bonne nuit petite Paquita.

After all that work, Paquita needs a well deserved rest. Her tummy full of apple pie and hot chocolate, she falls asleep like a little angel. Good night little Paquita.

Voilà le monde merveilleux du jardin de Paquita. Avec du temps et de la patience, ton jardin sera aussi beau ma chère.

That was the wonderful world of Paquita's garden. With time and patience, your garden will be just as good my friend.

Regarder une plante se transformer d'une graine en un arbre rempli de fruits est magique.
Et toi? Que planteras-tu dans ton jardin?

Ton ami Bubble qui t'aime. xxx

Watching a plant grow from a seed into a tree full of fruits is magical.
And you? What will you plant in your garden?

Your friend Bubble who loves you. xxx

Orange
Orange

Lemon
Citron

Mango
Mangue

Ice Cream
Glace

Soup
Soupe

Lettuce
Laitue

Cauliflower
Chou-fleur

Turnip
Navet

Carrot
Carotte

Potato
Pomme de terre

Mushroom
Champignon

Tomato
Tomate

Leek
Poireau

Olive
Olive

Oil
Huile

Salt and Pepper
Sel et Poivre

Blueberry

Myrtille

Raspberry

Framboise

Blackberry

Mûre

Jam

Confiture

Strawberry

Fraise

Redcurrant

Groseille

Bread

Pain

Apple Pie

Tarte à la pomme

Wheat

Blé

Flour

Farine

Eggs

Oeufs

Cinnamon roll

Brioche à la cannelle

Hazelnut

Noisette

Walnut

Noix

Chestnut

Châtaigne

Pumpkin

Citrouille

Rencontre tes nouveaux amis. Meet your new friends.

Bubble Cat

Matty Monkey

Charlie Chick

April Alpaca

Bouba & Boubette Dog

Paquita Possum

Donny Donkey

Gloria Goat

Ernest Elephant